経営頭脳育成講座
―経営戦略、マーケティング、起業―

安達　巧 著

ふくろう出版

はじめに

　私は現在、大学＆大学院の教授であると同時に、起業及び社長としての経営経験等を活かして「サムライ志塾」という経営私塾を主宰している。塾生たちからは経営に関する様々な相談が寄せられるが、〔起業を含む〕企業経営の現場（経営実務）においては、経営戦略論、マーケティング論、経営組織論といった学術的な領域細分化は全く意味がない。経営者は経営戦略もマーケティングも組織運営も行う必要があり、また、それらができなくてはならない。「机上の空論」に費やす時間などないのである。

　慶應義塾大学大学院政策・メディア研究科の特別招聘教授である夏野剛氏は「実際に経営をしていない大学教授には基本的に経営能力はない」（夏野剛『実はほとんどのビジネスマンが知らない「当たり前」の戦略思考』236頁、扶桑社）と明言する。仮に、経営専門職大学院（MBA課程）ではない大学や大学院で教えられている「経営学」が実際の経営（実務）に使えない「机上の空論」に過ぎないとすれば、「大学教授」の肩書を有する筆者としては残念に思う。経営学こそ「実学」であるべきはずだからだ。

　本書は、「サムライ志塾」の塾生から寄せられた相談内容（Question）とそれへの回答（Answer）を30個のQ＆A形式でまとめたものである。

　経営実務に関する塾生からの相談内容自体は多岐に渡るが、本書では、経営戦略、マーケティング、そして起業に関係する相談内容と回答に限って取り上げ、敢えてランダムに並べている。「1日1問」ペースで読めば、30個のQ＆Aはちょうど1ヶ月で了する計算になる。

　経営の現場（経営実務）は、意思決定の連続である。現在では、経営者マインドを持たないビジネスパーソンは生き残れない時代となっている。本書により読者諸兄の経営頭脳が活性化し、企業等での経営戦略、マーケティングなどの実務に役立てば幸いである。また、1人でも多くの読者が「より良い社会の実現」のためアントレプレナー（起業家）として勇気を持って第1歩を踏み出されることを願っている。

2015年4月　　　　安達　巧

≪Question 1≫

　私の考えたビジネスプランについて相談させて下さい。

　元私立高校教員で数学を教えていました。前任校では、授業力を評価して頂き、自信もあります。今年から独立して、家庭教師や進路相談などをメインとした事業をスタートさせ、将来的には自分の教室を持ちたいと考えています。

　事業の手始めに、自分の授業をYouTubeにアップして行こうと考えています（教科書レベルの高校数学、高校英文法、中学数学、中学英語が中心です。全範囲をアップ予定）。

　広告収入でガッポリ儲けることができれば言うことなしですが、甘くないこともわかっているつもりです。無料体験等の代わりに、アップした動画を見てもらえばイメージしやすいなどのメリットがあると考えています。また、経済的に余裕がないため塾に行けないような子どもたちの力になれるかな、とも思っています。

　このビジネスプランはいかがですか？

≪Answer 1≫

　高校で授業力を評価して頂いたとのことですが、勉強の動画を見る人は残念ながら少ないとお考え下さい。リクルートが受験サプリ・勉強サプリを始めていることもありますが、正直申し上げて、ご提示くださったビジネスプランではかなり苦戦すると思います。

　ただ、毎日のように地道にアップを続けて、教室を持つまでに至れば、多少は稼げるようになるとは思います。

≪Question 2≫
　3Dプリンターの20年後について質問です。
　現在、3Dプリンター業界は、各社の競争激化やコモデティ化により5〜10万円という低価格で購入できるようになっています。したがって、これから参入する分野としては、多くの人が敬遠しがちな分野になりつつあると考えています。一方で、今後、医療品や嗜好品などのオーダーメイド化が進んでいくこと、また、材料の多様化が進むことで、まだまだ可能性があるようにも考えています。
　米国の2強（3Dシステムズ、ストラタシス）が技術的に大きく先行する中で、後発企業が3Dプリンター分野で利益を上げるためにはどのような技術開発に注力するのが良いとお考えですか？

≪Answer 2≫
　最初に申し上げてきますが、そもそも20年先のことを予想することは現実的に難しいです。また、余り意味がないと思います。そのことを踏まえて回答すれば、医療や金属成形などの特殊分野に注力するのが良いのではないかと考えています。
　なお、3Dプリンターは、成形に時間がかかったり凸凹したりといった技術的課題も多いので参入余地はあると思います。最近でも、光硬化樹脂を使った表面を滑らかに高速成形できる技術が発表されたりしていることはご存じですよね。

≪Question 3≫

かなり腕のいいフランス料理人がいると仮定します。

彼は日本人であるにもかかわらず、かつてフランス大統領のお抱え料理人だったこともあるというレベルで、味には疑いがありません。未だにフランスでは有名なシェフです。

ただ、店で出す料理は彼自身で全て目を通したいとの理由から、30席程度の店の規模でやっています。それ以上の規模になると自分の目の届かないことが出てきてしまうからです。

現在の自分の客（常連客）が予約を取りにくくなると困るという理由で、ミシュランの星も拒否しています。

こうしたポリシーを持ち、料理技術も世界トップレベルの彼が、このポリシーを捨てることなく稼ぐためにはどうずれば良いと思われますか？

なお、料理やワインなどによる利益、客単価については上げられそうにないと仮定したうえでご回答をお願いします。

≪Answer 3≫

料理人の経歴や腕をブランド化し、飲食店チェーン会社のコンサルティング（売上の××％を貰う契約）を行うと良いのではないでしょうか。

≪Question 4≫
　現在では、飲食店を探す場合に「ぐるなび」や『ホットペッパー』から食べログで探す人が増えてきていると認識しています。
　先日、レッティが10億円の資金調達をしましたが、レッティは今後、食べログのように日本で普及していくのでしょうか？　口コミがFacebookアカウントに紐付いているという点は、投稿する側にとっては恥ずかしさなどハードルがそれなりに高いと思います。

≪Answer 4≫
　レッティに関しては、それなりに上手く行くのではないでしょうか。Facebookアカウントに紐付いているからこそ、実名ではあまり変なことは書けないでしょうし、レビューの信頼度アップにもつながるからです。

≪Question 5≫
　スポーツ教育で起業を考えている大学生です。
　私自身、学生時代に暴力による指導や、水は飲むなといった「根性論」の指導を受けたため余り上達しなかったという苦い経験がある一方、プロのトレーナーに指導してもらい短期間で急成長できたという経験もしました。
　上記の2つの貴重な経験から、誰でも正しいスポーツ指導を受けられる環境を作りたいと考えています。
　しかし、プロのトレーナーの指導料金は高額です。正直申し上げて誰でも受けられる料金設定ではありません。
　オンライン英会話のように、映像化してコストを下げようとも考えたのですが、映像の場合は細かな動きがわからないためスポーツの指導としては限界があると考えています。
　指導料金を下げ、誰でも正しい指導を受けられる環境をつくるにはどうすればよいでしょうか？

≪Answer 5≫
　まず、ある程度ノウハウに関するフォーマットを作り、元プロスポーツ選手などで副業を探している人を対象にセミナーを開いて資格制度を設け、CtoC で格安にマッチングできるサイトを作ってプロモーションしてみたらいかがでしょうか？
　基本的には対面での指導です。
　ジムなどとも提携すると良いと思います。

≪Question 6≫
　サービスや商品のネーミングを決めるにあたってコツや秘訣があれば教えて下さい。

≪Answer 6≫
　コツや秘訣について教えて欲しいとのことですが、ネーミングについては、当然ワンポイントでできるというわけではありません。ネーミングはとても大事ですから、そのサービスや商品の特性も参考にしながら熟慮して下さい。また、以下の点も考慮しながら多面的に考えてネーミングを行います。
・検索ワードで上位、あるいはトップに来ること
・覚えられやすさ
・消費者向けサービスなら、親しみやすさ、話題にされやすさ
・ターゲットとするマーケット
・ヒットしている先行事例
・サービスを立ち上げる自分たちの意志（ストーリーも大事）

≪Question 7≫
　農業は成長産業だと言われていますが、具体的にどのような点が成長要素で、どのように参入するのでしょうか？
　私見では、規制緩和やテクノロジーの発達などで参入や効率化はしやすくなったものの、ノウハウや設備投資にかける資金的な面でやはり大企業に有利でベンチャーが入り込む余地は無いように思えるのですが……。

≪Answer 7≫
　新興国ではこれからますます人口が増加しますし、所得水準も高くなります。そうなると当然、食事にかけるお金が増えてきます。こうした点を考えても、農業が成長産業だというのは理解できるのではないでしょうか。
　また、農業への参入については、農家をゼロから始めても良いと思います。私は、利益率の高い農家は少なくないと思っているのですが、本当に入り込む余地はありませんか？

≪Question 8≫
　農家の大半は、作った野菜を学校給食に出したりスーパーや直売所に出したりするということを一生続けているような感じがしています。私は、どうせ農業をやるなら、大規模な農業ビジネスをやりたいと思っています。
　個人事業主レベルの農家から抜け出して、大規模な農業ビジネスができるためには、どのような行動をする必要があると思いますか？
　たいていの農家は、サラリーマンの平均年収程度の金額をサラリーマンの２〜３倍程度の作業時間で稼いでいるようですが、作業時間の割に稼げる所得が少ない農業で、どうやって事業規模を大きくして行けば良いのでしょうか？
　そのようなラットレースから、どうやって抜け出せばよいのでしょうか？

≪Answer 8≫
　農業を大規模にやるつもりなら幾つかのアプローチがありますが、小規模からのし上がるためには、現実的には収益率が高くできるだけニッチな農作物を直接消費者やレストランなどに届けるルートを作るというのが基本戦略になります。
　その戦略を継続して徐々に規模を拡大し、ある一定規模になったら、大規模融資を受けるなり増資するなどして勝負に出るべきだと思います。

≪Question 9≫
　これから農業で起業する場合と、既に成熟している業種（例えばIT業界）で起業する場合、同じ金額のお金を稼ぐとすれば、どちらが難しいと思いますか？

≪Answer 9≫
　はじめにお断りしておきますが、「どちらが難しいと思いますか」という質問は余り適切とはいえませんよ。成功確率や失敗した時のリスクの大きさといった点であれば回答可能です。
　農業の場合、鍬一つで起業というわけには行かないでしょうし、農作物が収穫できるまで数ヶ月かかる現実もあります。いきなり大規模展開するとすれば億単位の投資が必要です。
　こうした点を考えますと、IT業界のほうが小さいリスクで大きく展開できる可能性があります。農業が成長産業であることは間違いありませんが、小さい展開の場合は余り儲からず、大きく展開したい場合は初期投資が多く必要になります。
　農業がどうしてもやりたいのであれば、農業でも良いと思いますが、単に「お金を稼ぎたい（儲けたい）」ということでしたら、農業以外の分野での起業のほうが小さなリスクで大きく儲ける可能性が高いといえるでしょう。
　ちなみに、IT業界はまだ成熟していないと思います。例えばIT系の仕事の場合、プログラマーならパソコン1台で起業して、例えばアプリが一発当たれば直ぐに億単位の収入が得られます。仮に、失敗しても売上がゼロということは考えにくいです。また、他社の業務を受託することも可能です。

≪Question 10≫
　私は、下記のビジネスを始める計画です。マーケティングのアドバイスをよろしくお願いします。
　私が考えるビジネスは、AmazonのAWSやMSのOffice 365等のクラウドサービスの販売支援、ユーザー教育を提供する事業です（市場は従業員300名以下中心、ベンダーのパートナーとして販促予算を中心に活動し、基本はB to Bです）。
　ITのクラウド化が進み、知識や判断力のある企業は自社で最適な仕組みを選択して導入が進みつつありますが、中堅以下の層ではまだまだ導入に向けた接点が作れていない、とりわけ100名以下の企業向けには各ベンダーフォローできていない状況にあると感じています。
　こうして状況を考え、このデリバリー部分強化がビジネスになると考えました。
　構想としては、ユーザーとベンダーをつなぐクラウドポータルサイトを運営し、製品紹介、製品デモンストレーションの請負、構築はSIerへ案件をつなぎます（クラウド製品の出会いの場をイメージしています）。なお、手間や手離れの良さを考えて、対象はSaaS製品に絞る予定です。

≪Answer 10≫
　その分野の人たちが好きそうな大物ゲストを呼んでセミナー兼フェアのような会を定期的に開催して行くのが良いのではないでしょうか。そういう会社の人たちは、リアルイベントで集客するのが最善の方法だと思いますよ。

≪Question 11≫

　世界旅行に興味がある20代です。

　世界一周をして多くの世界遺産を実際に見るのが目標です。

　今の世の中なら20万円もあれば世界一周も可能だと聞いています。20万円くらいならなんとかなりそうなのですが、私（普通の人）のような状況で世界一周を達成したとしたら、それをどのようなものに変換してお金に変えて行く（ビジネス化する）と良いでしょうか？

　電子書籍ですか？　それとも情報コンテンツですか？

≪Answer 11≫

　あなたは何をしたいのですか？

　単にこれからも旅をしたいというだけなのでしたら、ウェブマガジン発行や旅行ライターとして、食べて行けると思います。

　もし、何か奇抜なことをやる（やれる）のでしたら、クラウドファンディングも可能かもしれませんね。

≪Question 12≫
　Webサービスで初めての起業を考えています。
　コンテンツ自体は良いものを作れると思っているのですが、やはりマネタイズが問題できちんと利益が出せるようになるまでは数年かかるのではないかと思っています。したがって、資金が尽き事業が立ち行かなくなるのではないかと不安です。ある程度きちんとユーザーを集められていれば、ベンチャーキャピタルやその他の資金提供者から第三者割当増資などの話が持ち込まれるものでしょうか？
　それとも、数年分の資金を確保できるようにしてから事業を開始すべきでしょうか？
　ちなみに、数年分の資金確保はかなり難しいです。

≪Answer 12≫
　創業前に数年分の資金を確保できる人などそうはいません。日本政策金融公庫の創業支援融資はご存じですか？　まずは相談してみましょう。
　ベンチャーキャピタルなどから資金提供の話があるのは、サービスが相当ヒットした場合だけだと認識して下さい。自分から営業（売り込み）に行かない限り、世間はあなた（あなたの会社）の存在すら知らないのが現実です。資金提供者が数年も待ってくれるケースは稀です。かなりの勢いでユーザベースが伸びていないと第三者割当増資など無理だと考えて下さい。

≪Question 13≫

　私は現在、某地方都市に住む大学生です。
　仮に、私がITベンチャーで経常利益世界一の会社をつくるとしたら、どのような方法（シナリオ）があるのか教えて下さい！

≪Answer 13≫

　大きな夢を持つことは良いですね。
　方法（シナリオ）はいくつもありますよ。
　例えば、スマホゲームアプリで数億ダウンロードされるようなヒット作を出し、巨額の資金調達をして同業他社のM&A（買収）をしまくるという方法（シナリオ）もあるでしょう。また、FacebookのようなSNSアプリを新たに出してヒットさせるという方法（シナリオ）もあるでしょう。
　さらに、大学生のあなたには資金面で難しいかもしれませんが、自動運転の電気自動車を作るという方法（シナリオ）も考えられます。

≪Question 14≫
　パズドラの勢いが最近衰えたように思えます。安達さんがガンホーのようなゲームパブリッシャーの経営者なら、どのような戦略を採りますか？
　また、一攫千金目当てでスマホゲームに参入する会社も増えてきたのに対して、ゲームに課金しまくる人自体が頭打ちになったように思えます（グリーやDeNAも厳しそうです）。
　スマホゲーム会社はゲームで稼いだお金でゲーム以外の新規事業をするべきですか？
　それとも、これからもゲーム１本で行くべきですか？
　また、どうすればパズドラは一発屋では終わらずに、ポケモンのように３年後・５年後・10年後にも愛されるコンテンツになれると思いますか？

≪Answer 14≫
　ゲームパブリッシャーは、基本的には映画会社などと同じで、数多くのプロデューサーやディレクター、製作会社と広く付き合い、彼らに新しいゲームをどんどん作ってもらって広めるという作業の繰り返しのはずです。ある一定のペースでヒット作が出せれば会社は存続します（映画会社も同じですよね）。
　もちろん、ゲーム以外の新規事業をしても構わないと思います。それは経営判断の領域です。
　私がゲームパブリッシャーの経営者だったら両睨みで行くと思います。ポケモンのようにするためには、コアなファンを地道にケアして行くしかないと思います。

≪Question 15≫

　BtoBの生鮮食品ネットポータルサイトを個人で作ろうと考えています。

　書籍などとは違い、生鮮食品を扱う場合は天候などによる収穫量や流通の確保がネックになると考えていますが、資金も少ないので、どこまでのサービスラインを確保してからスタートすべきかわかりません。

　どのようにして事業をスタートさせて行くべきか、また、他に思い当たるサービスのボトルネックなどがあれば教えて下さい。

≪Answer 15≫

　「まだ何もできていない」といえる状況ですね。この段階でのアドバイスと言われましても正直、困ります。

　様々な選択肢がありますが、まずは以下の点を明確にして下さい。

　どんな生鮮食品を、どのくらいの規模で扱うのですか？

　売り先はどこですか（個人経営のレストランなのか、大規模FC事業者なのか）？

　とりあえず、知り合いの農家と協力して直販でどこかのレストランに卸すとか、まずは何か「実行」してみて下さい。

≪Question 16≫
クラウドソーシング業界に参入するとしたら、どんなサービスでどんな戦略をとりますか？

≪Answer 16≫
何ともアバウトな質問ですね（笑）。
私もクラウドソーシングの規模は拡大方向にあると認識しています。
クラウドソーシングで何がやりたいのか、また、どの程度の規模を考えているのかによって、どんなサービスでどんな戦略をとるかは変わってくるはずです。
例えば、ある程度儲かったらバイアウトしたいというような場合には、ニッチな業界でドメスティックなクラウドソーシング事業をするでしょうし、世界を代表する企業を目指して上場を想定しているような場合には、ゼネラルにグローバル展開をする戦略をとると思います。

≪Question 17≫
　私はこれまで様々なWebサービスをつくってきました。今後はアプリにも挑戦していきたいと思っていますが、アプリへの集客はWebサービスと比較して難しいなと思っています。Webサービスでは検索エンジンによって安価で大規模な集客ができますが、App Storeの検索規模はそこまで大きくないと思います。そこで質問なのですが、アプリへの集客でキモとなるのはどういった要素なのでしょうか。

≪Answer 17≫
　テレビ広告をバンバン打つのが最も手っ取り早いと思いますが、資金面は大丈夫ですか？
　もっと小規模ならリワード広告。テレビ広告に比べると質は劣りますが、DL数を稼いで、ランクアップして露出し、そこで優良DLを増やすことでしょうね。
　仮に、広告に使える資金がほとんどないのであれば、以下に示すようなPRの基本を地道にやって行くしかないでしょう。
　①口コミでFacebookやTwitterなどで影響力のある人に絡んで行く。
　②プレスリリースを出す。
　③ウェブのメディアに取材してもらう。

≪Question 18≫
　関西で3店舗ワインバルを展開しています。
　全て直営で、人々が日常的に繋がれるコミュニティ機能を備えた飲食店だと思います。30年で関西にバル文化をつくるという夢を持っています。今後も直営で店舗展開していくべきか、フランチャイズ化するか迷っています。
　最初にお金を投資して徐々に回収していく直営店のビジネスモデルでは、店舗展開のスピードが遅すぎて「バル文化」など到底つくれそうにありません。
　コミュニティ機能を備えた飲食店（場）がこれから必要になってくることは間違いないでしょうし、コンビニもそれを察知していろいろな機能を後付けしてきています。
　コンビニの店舗数は圧倒的ですから、もしコンビニが、酔っ払いを管理できるイートインスペースをつくることが出来たら、バルの存在意義はゼロになってしまいます。
　ブランド力を保ちつつ出店スピードを飛躍的に上げる方法はありますか？

≪Answer 18≫
　ズバリ、大規模資金調達をして一気に出店することです。

≪Question 19≫
　起業およびWebメディア運営に関して質問いたします。
　起業してある分野に特化したWebメディアを個人で小さくスタートさせ、徐々に拡大して行きたいと思っています。
　起業の際はある程度の会計知識などが欠かせないでしょうし、Webメディア運営にはWeb解析やプロモーションの知識も必須かと思います（記事作りには比較的自信がありますが、会計などの他の知識はほとんどありません）。
　このような場合、早く起業して、やりながらどんどん覚えて行くべきでしょうか？
　それとも、ある程度（最低限）は必要と思われる知識を身につけてから起業したほうが良いのでしょうか？

≪Answer 19≫
　会計や税務の知識がほとんどない場合は、「本当に使える税理士」を探し出して外注すれば問題ありません。他の分野も同様です。自分ができない仕事は他人（専門家）に任せたら良いと思いますよ。そうでなければ、起業する必要はないのではありませんか。

≪Question 20≫
　和食器などの販売業をやっています。通販もやっているのですが、売上も余り伸びず、卸先の飲食店などからの注文も減り、後継者不足などの問題もあり閉店する人も多いのが現状です。
　伝統工芸品の輸出ビジネス、海外PRなどについて、どういったことから着手し、展開して行くべきか、相談させて下さい。

≪Answer 20≫
　まず取り組むべきは、例えば日本食レストランへの営業など、いわゆるプロ向けでしょう。また、日本文化系のコンベンションなどにも出展することです。さらに、海外の親日派ブロガーなどとのリレーションを築いたりすると良いと思います。

≪Question 21≫

　LINE で英会話するビジネスを考えています。

　料金形態は、月額 1000 円＋オプションで考えています。これは学生を主要なターゲットにしようと思っているからです。オプションとしては月数回の LINE 電話などを考えています。この料金設定やターゲット層に関して、また、こんなオプションがあればいいよ、等、ご意見を頂きたく質問をしました。

≪Answer 21≫

　当たり前のことですが、ビジネスである以上、継続的に利益を計上できなければ意味がありません。

　月額 1000 円という料金設定で、利益が出ると本気でお考えですか？

　こういうニッチなマーケットの場合、例えば DMM が参入してきたりしますから、かなり大変ですよ。

　また、既に Skype 英会話事業のように、無料でサービスをしようとしているところまでありますよ。ご存じですか？

≪Question 22≫
　私は行政書士の資格を持っています(現在は仕事にはしていません)。今後、ダブルワークとして資格を活かすことを考えているのですが、今から参入して行政書士として活躍できそうな分野としては何がありますでしょうか。

≪Answer 22≫
　司法書士や社会保険労務士などもそうですが、〔行政書士という〕資格に頼っての商売は余り考えないほうがいいと思います。
　例えば、アメリカのビザを取るノウハウは、何も行政書士でなくても思いつきますよね。ビジネスの観点からはそうしたノウハウ〔の発想〕こそが重要で、そのノウハウ（発想）実現のために行政書士の資格が必要だということであれば、行政書士に外注すれば済む話だからです。
　商売（ビジネス）を志すのであれば、そういう順序で考えるべきだと思います。

≪Question 23≫
　日本の見る、食べる、の魅力を発信する旅行サイトを運営しています。海外からのアクセス増加の方法でのご相談です。
　インスタグラム、ピンタレスト、フェイスブック、ツイッターなどとの連携で月1万PVです。
　SNSだけでなく、検索からの流入を狙い、インバウンド市場拡大を見込み、日本語だけでなく、英語版を開始しました。今後、欧米、東南アジアを中心とした海外からアクセスを増加させるためには、海外著名ブロガーとの連携の他に、どのような手段がありますか？

≪Answer 23≫
　厳しい言い方になりますが、わずか1万PVですと、無いも同然だと思います。
　とにかく毎日更新して、オリジナル取材記事をたくさん掲載し、反響があった記事の作り方を改良して行くことです。
　PDCA（Plan→Do→Check→Action）サイクルをどれだけ高速回転できるかが鍵ですよ。

≪Question 24≫

　アニメや漫画（コミック）の輸出ビジネスについてご相談させて下さい。

　国内のアニメ・漫画（コミック）の市場規模は4000億円以上とも言われていることはご存じだと思います。海外、例えばアメリカの人口は日本のおよそ3倍もありますが、市場規模は10分の1以下です。

　複雑な著作権の取扱いやセクシャリティ・暴力描写などの海外規制、海外展開に消極的な制作サイドといった諸要因があるとは認識していますが、やはりアニメや漫画（コミック）の海外輸出は難しいのでしょうか？

　アニメや漫画（コミック）の輸出は既に行われていますが、日本と同規模にマーケットが膨らまない要因と解決策を探しています。

≪Answer 24≫

　海外市場については悲観的になる必要はないと考えています。海外での日本アニメや漫画（コミック）の将来はこれから明るいと思いますよ。なぜなら、アニメや漫画（コミック）の流通がスマートフォンやモバイルネットワークの発達で変わってきているからです。

　流通スタイルの変化に上手く乗っかることができれば、スマートフォンやモバイルネットワークへの抵抗感が少ない〔現在の〕子どもたちが大人になる頃には期待大です。

≪Question 25≫
　起業資金に関して相談させて下さい。仮に1000万円の資金が起業に際して必要で自分の貯金が1100万円ある場合、
　(1) 1000万円の自己資金で起業する。ただし、自己資金で起業すると自身の生活がギリギリになり、事業を継続できるかどうかが不安な状態での起業。
　(2) 1000万円を投資してくれる人がいるので、自分の貯金の1100万円はそのままにして投資家の資金で起業。
　上記の(1)と(2)であれば、どちらで起業したほうが良いとお考えでしょうか？
　(1)の場合は利益が出た際にリターンは大きいですが、リスクが大きい。(2)の場合は起業のリスクは少ないものの大きなリターンは望めない、ということになろうと思います。
　それ以外にもメリット、デメリットもあるかと思いますが、ご助言を頂けると幸いです。

≪Answer 25≫
　(1)または(2)のどちらか、とのことですので、その前提で回答させて頂きます。
　判断基準は、①あなたが自分のビジネスにどれだけ自信があるのか、また、②どの程度リスクヘッジしたいのか、です。
　自信がありリスクヘッジがゼロでいいのなら全額自己資金でやれば良いと思います。ただし、起業した会社から自分の給料を支払って貰えるくらいでないと、起業自体が上手く行っているとは言えないことは肝に銘じて下さい。

≪Question 26≫
　起業志望の大学生です。
　一度就職してノウハウを学んでから起業するか、今すぐにでも起業に向けて動き出すか悩んでいます。
　現段階で私には特別なスキルもなく、書籍で得た程度の知識しかありません。
　私と同じ立場なら、どのような選択をされますか？

≪Answer 26≫
　興味のある分野で今すぐにアルバイトを始めます。アルバイトを通じてノウハウを盗み、ビジネスモデルを見つけたら速やかに起業します。

≪Question 27≫

　私は現在、iPhone の修理事業をやっております。

　来店されるお客様の半分がインターネットでの集客です。残りは店頭の看板を見て、あるいは口コミなどです。

　地方都市のため従来は競合相手がおらず、売上も順調に推移していました。ですが、最近、私よりも圧倒的に資金力のある企業などが進出してきました。

　現在のところは影響も余り出ていませんが、これから集客も含めて、生き残っていくためにはどうすれば良いでしょうか？

≪Answer 27≫

　競合相手に負けないよう資金調達をするか、あるいは、競合相手がいない別の地方都市に進出するか、だと思います。

≪Question 28≫
　私は現在、老人ホームの仲介をしております。入居が決まると手数料が施設から頂けます。営業先は病院などで、退院予定の人で在宅での生活が難しく施設を検討している人を紹介して頂くのがメインの認知経路です。
　最近は、老人ホームをパソコンで探す家族が多いため、私のような営業スタイル（ビジネスモデル）は先細りのような気がします。いずれは不動産のポータルサイトのような状態になるとも思っています。
　ですから、今のうちに老人ホームの仲介ビジネスでのシェアを高め、パソコン検索に負けない状態にしたいのです。
　その為にはどのような差別化があり、押さえておくべきポイントとしてはどのような点がありますか？
　個人的には、病院などで紹介してくれる人との人間関係を高めるという昭和的なスタイル（笑）しか思いつきません。
　ご教示を賜れば幸いです。

≪Answer 28≫
　「病院などで（老人ホーム入居予定者を）紹介してくれる人」にも報酬を与えるような体系ができるといいかもしれません。その人も歩合とし、紹介すれば紹介するほど報酬が貰えるようにすると良いのではないでしょうか。
　また、老人ホームに人を紹介してもらえるようなアフィリエイトのネットワーク作りをするとの手法も効果があると思います。

≪Question 29≫
　自分で仕事を作りだしながらイノベーションを次々に生み出していくような生き方をしたいと思っています。
　私はWebやアプリを利用したマッチングサービスが面白いと思っています。ただ、現状では簡単なWebサイトを作ることができる程度のスキルしかないため、Webの知識を深めるとともにアプリ製作の勉強も始めています。
　最初の段階としては、派遣社員として働いている現在の仕事もしつつ、2本柱でやって行くこととし、軌道にのれば現在の派遣社員としての仕事を辞めて次の事業を立ち上げるということをやって行きたいと考えています。
　マッチングサービスは既にいくつもありますが、まだまだ参入の余地はあると思っています。甘いでしょうか？

≪Answer 29≫
　特に甘いとは思いません。ただ、「勉強しなければならない」という思い込みが少し強いように感じています。
　重要なのは実践経験に基づく実践知を得て行くことです。
　日本人の真面目さや勤勉性が影響しているのかもしれませんが、「第1歩を踏み出す前にまず勉強」と考えがちの日本人が多いと私は感じています。
　まずは第1歩を踏み出すことを「実行」しない限り、起業は永遠に不可能です。起業後もあなたは様々な困難に直面するでしょうし、ビジネスの実践経験を積むことでしか「机上の空論」ではない経営能力（経営頭脳）は絶対に身に付きません。

≪Question 30≫
　既存の企業がイノベーター（変革者）を生む（育てる）ためには、誰がどのような仕組みを作ればよいとお考えですか？

≪Answer 30≫
　社長にして新規事業を任せるのがベストだと思います。

≪著者紹介≫
安達　巧（あだち・たくみ）

1966年生まれ。早稲田大学商学部の学生時代に起業し社長に就任。東北大学大学院経済学研究科経営学専攻博士後期課程をわずか2年で修了して「博士（経済学）」学位を得た後、税理士事務所を立ち上げ所長としてアントレプレナー育成ならびに経営コンサルティングに従事する。経営専門職大学院MBA課程（ビジネススクール）教授を経て、現在は尾道市立大学経済情報学部および同大学院経済情報研究科教授を務める傍ら、経営私塾（サムライ志塾）を主宰している。日本ソムリエ協会認定ワインエキスパートや「一般旅行業務取扱主任者」（現在は「総合旅行業務取扱管理者」へと名称変更）などの資格も有する剣道2段。日本の全47都道府県と世界50ヶ国以上を訪れた旅人でもある。著書・論文多数。

[JCOPY] 〈社〉出版者著作権管理機構 委託出版物

本書の無断複写(電子化を含む)は著作権法上での例外を除き禁じられています。本書をコピーされる場合は、そのつど事前に(社)出版者著作権管理機構(電話 03-3513-6969、FAX 03-3513-6979、e-mail: info@jcopy.or.jp)の許諾を得てください。
また本書を代行業者等の第三者に依頼してスキャンやデジタル化することは、たとえ個人や家庭内での利用であっても著作権法上認められておりません。

経営頭脳育成講座
―経営戦略、マーケティング、起業―

2015 年 5 月 1 日 初版発行

著 者 　安達 巧

発 行 　ふくろう出版
〒700-0035　岡山市北区高柳西町 1-23
　　　　　　友野印刷ビル
TEL：086-255-2181
FAX：086-255-6324
http://www.296.jp
e-mail：info@296.jp
振替　01310-8-95147

印刷・製本　友野印刷株式会社
ISBN978-4-86186-649-4 C3033
ⓒTakumi Adachi 2015

定価は表紙に表示してあります。乱丁・落丁はお取り替えいたします。